Basierend auf den „Winnie the Pooh"-Werken von A. A. Milne und E. H. Shepard

Die deutsche Ausgabe erscheint bei
Parragon Books Ltd
Queen Street House
4 Queen Street
Bath BA1 1HE, UK

Realisation der deutschen Ausgabe: trans texas publishing, Köln
Übersetzung und Satz: Ronit Jariv, Köln
Lektorat: Ulrike Reinen, Köln

ISBN 978-1-4075-9165-0
Printed in China

Disney

Winnie Puuh

GUTE-NACHT-GESCHICHTEN

EIN TAG AM FLUSS

Text von K. Emily Hutta

Illustrationen von
Carson Van Osten, John Kurtz
& den Disney-Storybook-Illustratoren

Parragon

Bath · New York · Singapore · Hong Kong · Cologne · Delhi · Melbourne

Manche Tage sind ruhiger als andere. Natürlich ist an einem ruhigen Tag gar nichts auszusetzen – es sei denn, man ist ein noch recht junger Ruh. In diesem Fall sind ein oder zwei ruhige Sekunden eigentlich schon ruhig genug. „Mir ist *langweilig*!", sagte Ruh etwas lauter als unbedingt nötig. „Hier gibt es rein gar nichts zu tun!"

„Ich könnte dir etwas vorlesen", sagte Känga.
„Ich will nicht lesen", sagte Ruh.
„Wir könnten etwas backen", schlug Känga vor.
„Es ist zu heiß zum Backen", nörgelte Ruh.
„Möchtest du ein Puzzle legen?", fragte Känga.
„Ich kenne alle unsere Puzzles schon", jammerte Ruh.

„Warum gehst du nicht nach draußen und suchst dir dort eine Beschäftigung?“, schlug Känga vor und schob Ruh sanft zur Tür.

„Aber ich will nicht ...“

„Ich könnte natürlich auch hier drinnen eine Aufgabe für dich finden“, sagte Känga. „Du könntest mir beim Erbsenschälen helfen. Und dann dein Zimmer aufräumen ...“

Ruh beschloss, nach draußen zu gehen.

„Hier draußen gibt es auch nichts zu tun!“, rief Ruh durch die Tür.
Dann war es ruhig. Känga atmete erleichtert auf.
Plötzlich sprang Ruh vor dem Fenster hoch. „Mir ist langweilig!“, rief er.
„MIR IST IMMER NOCH LANGWEILIG!“, brüllte er beim nächsten Hüpfer.

Gerade in diesem Augenblick kam Tigger vorbei und hüpfte neben Ruh her.

„Was machen wir denn heute, Ruh, mein Junge?“, fragte Tigger.

„Nichts“, sagte Ruh.

„Vom Nichtstun wird einem Tigger aber ganz schön heiß“, bemerkte Tigger.

„Wenn ich mich recht erinnere, war mir allerdings schon heiß, bevor ich dir beim Hüpfen half. Deshalb bin ich auch auf dem Weg zum Fluss. Kommst du mit?"

„Darf ich mit Tigger zum Fluss gehen?", rief Ruh bei seinen nächsten drei Sprüngen vorm Fenster.

„Aber ja doch! Was für eine gute Idee!", sagte Känga. Und dass sie ganz besonders begeistert klang – nun, das war vielleicht gar nicht so schwer zu verstehen.

Auf dem Weg zum Fluss kamen Ruh und Tigger an Rabbits Haus vorbei. Rabbit stützte sich gerade in seinem Garten schwitzend auf eine Harke und sah ziemlich schlecht gelaunt aus.

„Wir gehen zum Fluss, Rabbit!“, verkündete Ruh.

„Warum kommst du nicht mit, Langohr?“, schlug Tigger vor. „Dort ist es bestimmt kühler.“

Bald gesellten sich noch weitere Freunde zu ihnen: I-aah, Eule und Puuh.

„Halloooo!“, rief ein freundliches kleines Stimmchen. „Wo geht ihr denn alle hin?“

„Da ist ja Ferkel“, sagte Puuh glücklich. „Wir gehen zum Fluss, Ferkel. Komm doch mit!“

„O ja, das wäre ganz großartig“, sagte Ferkel und lief ins Haus, um seinen Sonnenhut zu holen.

Als die Freunde am Fluss ankamen, setzten sie sich in den Schatten eines großen Baumes.

„Hier gibt es gar nichts zu tun“, sagte Ruh.

„Wir könnten ja eine Kleinigkeit essen“, schlug Puuh hoffnungsvoll vor. „Hat jemand zufällig etwas Honig mitgebracht?“

Das hatte keiner.

„Wie wär's mit einem Spielchen?“, fragte Eule. „Hat jemand ein Spiel mitgebracht?“

„Nein“, sagte Rabbit, dem die schlechte Laune schon wieder anzusehen war.

„Das habe ich befürchtet“, sagte I-aah niedergeschlagen. „Niemand hat irgendetwas Nützliches mitgebracht.“

„Ich habe meinen Sonnenhut dabei“, verkündete Ferkel stolz.

„Immerhin ...“, sagte I-aah.

Ferkel, der ja schlau genug gewesen war, seinen Sonnenhut mitzubringen, spazierte am Flussufer entlang. Dabei machte er eine wirklich wundervolle Entdeckung.

„Seht euch nur all diese flachen Steine an!“, rief er seinen Freunden zu. „Ich habe sie zwar nicht gezählt, aber es sind richtig viele!“

„Und was sollen wir damit anstellen?“, fragte Ruh.

„Sie haben genau die richtige Beschaffenheit zum Steinchenhüpfen“, bemerkte Eule, während er einen Stein genau untersuchte.

„Von Beschaffenheit verstehe ich nichts, dafür aber von Hüpfen“, sagte Tigger. „Steinchenhüpfen ist das, was Tigger am besten können!“

„Steinchenhüpfen ist zufälligerweise auch eins von vielen Dingen, die Rabbits am besten können“, sagte Rabbit und ließ einen Stein über das Wasser hüpfen.

„Toll! Kannst du mir das beibringen?“, rief Ruh aufgeregt.

Also brachte Rabbit seinen Freunden Steinchenhüpfen bei und sah stolz zu, wie sie ihr Können ausprobierten.

Ferkels winziger kleiner Stein tanzte leicht über die Wasseroberfläche.

Puuhs großer runder Stein sank ohne einen einzigen Hüpfer auf den Grund des Flusses – was Puuh allerdings nichts ausmachte, weil der Stein ihn dabei sehr erfrischend nass spritzte.

Tiggers bester Wurf hüpfte drei Mal – aber jedes Mal an Land.

Und Ruh ... tja, Ruh war bald in einen hitzigen Wettkampf mit Rabbit verstrickt, der unentschieden ausging.

Eule warf keinen seiner Steine. Er hatte es durchaus vor, aber jedes Mal, wenn er einen aufhob, fand er ihn zu schön, um ihn wegzuwerfen. Bald hatte Eule Steine in allen möglichen Größen, Farben und Formen gesammelt. Manche glitzerten, manche hatten Wirbelmuster, einige waren rau oder hubbelig, andere so glatt wie Glas. Und wenn Eule sie im Fluss nass machte, leuchteten ihre Farben und Muster umso mehr.

„Faszinierend“, murmelte Eule. „Absolut faszinierend.“

„Ich habe dir noch ein paar Steine gebracht, Eule“, sagte I-aah. Aber er legte sie zu nah am Ufer ab, und da fielen sie alle in den Fluss.

„Ach, wie dumm“, sagte I-aah traurig.

„Nein, schau doch mal! Deine Steine haben einen kleinen Wasserfall erzeugt, I-aah“, sagte Eule.

„Das ist großartig, I-aah“, sagte Ferkel.

„Was ist los?“, fragte Rabbit.

„I-aah hat einen Wasserfall gebaut“, erklärte Ferkel.

„Ich will auch einen Wasserfall bauen!“, rief Ruh. „Kannst du mir zeigen, wie das geht, I-aah?“

Und so geschah es, dass I-aah – der selten um Rat gefragt wurde und dem man nie zuhörte, wenn er ungefragt Ratschläge gab – zum Bauleiter für mehrere Wasserfälle wurde.

Sogar Rabbit fragte ihn, wie man die Steine davor bewahren konnte, vom Fluss fortgeschwemmt zu werden. „Nach meiner Erfahrung“, sagte I-aah stolz, „legen sich die Steine genau in der richtigen Art und Weise zu einem Haufen, wenn man sie alle gleichzeitig aus Versehen ins Wasser fallen lässt.“

Nach einer Weile blies ein kleiner Windstoß direkt neben Ruh ein Blatt in den Fluss. Doch anstatt wie ein Stein unterzugehen, schwamm das Blatt auf dem Wasser wie ein Boot!

Ruh rannte dem Blattboot hinterher, das immer schneller wurde und über mehrere hervorragende Wasserfälle segelte, bis es schließlich außer Sichtweite war.

„Habt ihr das gesehen? Habt ihr das gesehen?“, schrie Ruh. „Wer will mit mir Blattboote auf dem Fluss segeln lassen?“

Dazu hatten alle Lust.

Rabbit war gerade auf der Suche nach mehr Blättern zum Segelnlassen, als er eine gänzlich andere Entdeckung machte.

„Was ist das da auf deiner Nase?", fragte Puuh höflich. Es ist wichtig für Bären, auch dann höflich zu sein, wenn es um komische Dinge geht, die jemandem auf der Nase sitzen.

„Das ist ein Ahornsamen", sagte Rabbit. „Ich habe ihn unter dem Baum gefunden."

„Ich will auch einen Ahornsamen auf meiner Nase tragen!", sagte Ruh.

Bald trugen alle Freunde Ahornsamen auf der Nase. Alle, außer Tigger, der gelernt hatte, dass Hüpfen und Ahornsamen nicht gut zusammenpassen.

Aber Matsch und Hüpfen – das war schon etwas anderes. Wenn ein Tigger zufällig in eine Matschpfütze hüpfte, passierten alle möglichen sehr angenehmen Dinge. Quietschige und quatschige Dinge. Es machte Platsch und Plopp und Blubber.

„Hey!", rief Ruh und wischte sich kleine Spritzer vom Pullover. „Was denkst du dir dabei, Tigger?"

„Ich denke nichts, ich hüpfe nur!", antwortete Tigger. Und dann hüpfte er wieder, dass der Matsch nur so umherflog.

„Ich wette, ich kann weiter als du mit Matsch spritzen!", sagte Ruh und landete mit einem Riesensprung mitten in der Pfütze.

Als das ganze Hüpfen und Quietschen und Matschkuchenbacken zu Ende ging, waren Tigger und Ruh von Kopf bis Fuß mit Matsch bedeckt!

Und deshalb mussten die beiden nicht nur einmal, nicht nur zweimal – nein, gleich dreimal in den Fluss eingetaucht werden, um sie wieder sauber zu kriegen.

Danach legten sich Tigger und Ruh zum Trocknen in die Nachmittagssonne.

Eule und Rabbit steckten die Köpfe zusammen und sortierten Eules Steinsammlung.

Puuh, der allen, die zuhörten, erklärt hatte, dass er niemals ein Nickerchen hielt, schnarchte leise im Schatten.

Ruh beugte sich über ihn und kitzelte ihn mit einem langen Grashalm.

„Schnorkelforkel", sagte Puuh, zuckte mit der Nase und rollte auf die Seite.

Ferkel lag auf dem Bauch, starrte verträumt ins Wasser und beobachtete, wie die sich darin spiegelnden Wolken vorbeizogen.

„Meiner Erfahrung nach“, sagte I-aah, „habe ich noch nie besser ausgesehen als heute.“

Känga sah sich das friedliche Bild einen Moment lang an und lächelte, bevor sie Ruh rief. „Zeit, nach Hause zu gehen, Kind."

„Ich will noch nicht nach Hause!", beschwerte sich Ruh. „Hier ist es so lustig!"

„Darf ich morgen wiederkommen?", fragte er. „Darf ich?"

Känga nickte.

„Juhuu!", rief Ruh etwas lauter als unbedingt nötig. „HIER GIBT ES JA SOOO VIEL ZU TUN!"